NOTICE

SUR

M. Prunelle.

NOTICE

SUR

M. PRUNELLE,

Ancien Inspecteur des Eaux de Vichy,

PAR L. ENDURAN.

---

50 centimes.

CUSSET,

Imprimerie de Mme Jourdain.

1856

NOTICE

SUR

M. PRUNELLE.

Nous allons éveiller des souvenirs palpitants encore. Dans le public auquel nous destinons ces lignes, M. Prunelle ne compte plus que des cœurs dévoués où saignent toujours les regrets de sa mort. Puisqu'autour de sa tombe toutes les rivalités font silence, il sera bon, utile peut-être, de dévoiler cette auguste image dont la vie fut un long sacrifice au savoir et à la vertu qui en est le corollaire.

Clément Prunelle naquit à Vienne en 1779 ; sa famille, originaire de Bastia, s'était fixée en France après le traité qui fit de l'Ile de Corse une province du Royaume. Dans cette famille les vertus étaient héréditaires ; il y régnait une simplicité patriarchale mêlée de cette sévérité primitive qui ajouta le titre de chef au nom plus doux de père. Enfant, Clément Prunelle révèla cette organisation puissante qui devait un jour planer dans les hautes régions de la science, cet insatiable amour de connaître qui ne laissa rien autour de lui d'inexploré. Aussi ses premiers pas furent-ils marqués par le succès. Au grec, au latin, fondements uniques des fortes études, il ajouta l'hébreu, langue colorée de tous les feux de l'Orient, parfumée encore des mœurs des premiers âges, langue mère, surtout, vieille souche d'où sont sortis tous les idiômes. Ainsi lesté, il aborda les études médicales et vint à Montpellier à l'âge de dix-sept ans. Est-il besoin de rappeler ici ce qu'était cette faculté, la première du monde. Les élèves y affluaient de toutes les contrées de l'Europe. En quelques mois Clément Prunelle se place à leur tête et sa merveilleuse aptitude frappe d'admiration l'illustre

Chaptal lui-même ; à vingt-un an il obtient le grade de docteur et rentre à Vienne. Se reposera-t-il de ses longs et pénibles travaux sur les douces joies de la famille et la conviction d'un devoir heureusement accompli ? Il est des natures rebelles à l'inaction et son mérite l'a déjà désigné au choix du premier consul. Cette campagne d'Egypte qui se présente avec toutes les menaces d'un climat inconnu, meurtrier, il faut la rendre possible, et l'on s'entoure de toutes les capacités dont la médecine s'honore.

Il fut impossible de forcer la ligne anglaise qui croisait devant Malte, et l'expédition après avoir louvoyé quelque temps le long des côtes ibériennes dût relâcher à Cadix. Pour le jeune savant quelle occasion nouvelle d'augmenter ses vastes connaissances ! Il traverse l'Espagne, il dresse une tente partout où la riche nature sollicite son attention, partout où l'histoire évoque les brillants fantômes du passé. Mais cette ville au nom déjà magique, qui rayonne à l'horizon comme le soleil de ses espérances, Paris, vision mystérieuse qui caresse le génie sous quelque forme qu'il se produise, il ne l'oubliera pas. Il y arrive à la fin de 1803, et comme si pour Prunelle la vie ne devait pas avoir de jeunesse, il se replonge dans l'étude, fouillant, compulsant, interrogeant, aujourd'hui dans la poudre des bibliothèques, demain penché sur la table des amphithéâtres, infatigable tant qu'il reste à la science un secret qu'on peut lui ravir. C'était un beau temps que celui-là ; car à côté du jeune médecin quelle pléïade illustre ! Arago dont la carrière eût avec la sienne tant de similitude, Gay-Lussac, audacieux explorateur de l'air, Thénard, Chaptal, Bertholet, tous s'empressent de lui tendre la main, de lui ouvrir leur demeure, de le mettre en relief, si je puis ainsi dire ; chacun d'eux a deviné un frère et de semblables amitiés s'honorent l'une l'autre. Des talents aussi reconnus ne pouvaient rester à l'écart. En 1805, Chaptal appelle au Val de Grâce ce médecin de 26 ans, que nous retrouvons en 1811 à Montpellier professeur de médecine légale et d'histoire de la médecine, suspendant tous les auditeurs à ses lèvres par la clarté de ses démonstrations et l'intérêt de sa parole. Ce fut une rare activité que la sienne ; non seulement il remplit ses fonctions, mais il supplée à la vacance des chaires d'hygiène et d'anatomie, mais il s'occupe de la révision de la bibliothèque de Montpellier, il la complète, il la fait ce qu'elle est encore de nos jours, une des plus belles collections scientifiques. Ce fut vers cette époque, qu'éclata dans le bourg de Vendemian (Hérault) une affreuse épidémie. La médecine avait épuisé toutes ses ressources et la mortalité continuait dans une effrayante progression. Choisis parmi tous les membres de la faculté comme les plus dévoués et les plus savants M. Prunelle et M. Berthe son collègue, se transportèrent sur le théâtre du fléau et le combattirent avec un succès aussi rapide qu'inespéré. Leur nom est resté populaire dans le pays qui leur doit son salut.

Il n'y avait pas seulement en M. Prunelle l'esprit du savant; la vie lui révéla tout-à-coup d'autres horizons. Le cœur du citoyen s'émut des désastres de 1813 et ne pouvant comprendre les pas insolents de l'étranger sur le sol de la patrie il écrivit un appel aux armes digne d'une âme fortement trempée. Arborer avec tant de franchise un drapeau que chacun reniait à la hâte, n'était-ce pas se préparer de cruels mécomptes ? A la deuxième restauration, il fut dénoncé au pouvoir et perdit sa chaire au profit des envieux. Le cœur ulcéré, M. Prunelle chercha l'oubli dans les voyages ; mais cette vie nomade, toute studieuse qu'il la fit ne convenant pas à son caractère, il vint habiter Lyon. Ses éminentes qualités lui concilièrent en peu de temps l'estime, l'affection de ce que la ville comptait d'hommes savants dans tous les genres et son mariage avec Mlle Rose Duport, fille d'une des plus recommandables familles de la cité, le fixa pour jamais.

Elu en 1825 membre titulaire de l'académie de Lyon, il étonna ses collègues par la profondeur et la variété de ses connaissances. En dehors des sciences physiques, chimiques et médicales, M. Prunelle était encore un excellent littérateur et parlait avec une égale facilité la plupart des langues occidentales, l'anglais, l'allemand, l'italien, l'espagnol. Ses études sur la mécanique, ses idées d'application le firent aimer du commerce comme son savoir l'avait rendu cher aux classes supérieures, aussi en 1830 fut-il promu par l'enthousiasme lyonnais à la première dignité municipale.

Dès ce jour, ce n'est plus un savant médecin que nous avons à considérer. M. Prunelle se présente sous un autre aspect; administrateur intelligent et actif, il ne respire plus que pour la cité. L'instruction publique reçoit un nouvel élan, les écoles mutuelles se multiplient, les frères de la Doctrine chrétienne se répandent, trois sections nouvelles viennent compléter les beaux-arts, et la faculté des sciences est créée sur de larges bases. Plein de sollicitude pour la classe ouvrière, il cherche tous les moyens d'assurer son bien-être, appuyant de son crédit les caisses d'épargne, les crèches, les salles d'asile, toutes les institutions philanthropiques que la révolution fit éclore. Il serait trop long d'énumérer ici tous les bienfaits de son zèle; M. Prunelle était devenu une idole pour les habitants de Lyon, et un jour, dans la galerie du palais Saint-Pierre, ouverte par ses ordres, il put voir son buste en marbre au milieu des hommes illustres immortalisés par la reconnaissance. Le département de l'Isère l'avait porté pendant trois années consécutives à la Chambre des députés, et il avait rempli son mandat avec indépendance.

En 1833, M. Lucas, inspecteur des eaux de

Vichy, laissa le poste vacant par sa mort. On l'offrit à M. Prunelle. C'est que plus d'une fois le représentant libéral s'était heurté à de puissants personnages ; sa franchise un peu brusque avait froissé plus d'une susceptibilité coupable. L'inspection des eaux de Vichy était une honorable retraite ; le savant la fit accepter à l'homme politique.

Depuis ce temps, l'existence de M. Prunelle fut plus paisible et plus retirée. Il garda toujours ses hautes relations ; mais esclave du devoir, il renonça aux tracas des grandes villes, aux rêves des grandes améliorations pour travailler à la prospérité de Vichy.

Les distinctions néanmoins vinrent le chercher parmi nous. En 1846, il fut nommé membre correspondant de l'Institut, et, quelque temps après, officier de la Légion-d'Honneur. Hélas ! toutes flatteuses qu'elles étaient, ces marques d'estime pouvaient-elles compenser ses chagrins de famille ? Il n'avait eu qu'un fils, ce fils n'était plus ; il avait trouvé dans son épouse une âme capable de comprendre la sienne, un cœur dévoué qui l'avait soutenu dans les rudes épreuves de son existence ; elle mourut vivante ; et, frappée de paralysie, vit ses facultés s'en aller peu à peu jusqu'à la tombe. M. Prunelle essaya de combattre le mal ; il fut vaincu dans la lutte, et sa maison demeura solitaire.

Une fille adoptive lui restait encore, Mlle Chaptal, fille de l'illustre savant, son protecteur, du grand ministre, mort chargé de vertus, mais sans fortune. M. Prunelle reporta sur elle toutes ses affections, toute sa reconnaissance pour son père ; il la maria, et son dernier devoir accompli, il sembla s'arrêter dans sa carrière.

L'envie ne ne s'arrêta pas ; la révolution de 1848 éclate ; l'inspection de Vichy, si améliorée par ses soins, avait bien des prétendants, et le gouvernement provisoire, sollicité de toutes parts, allait porter le dernier coup à Prunelle, si Arago, son ami, ne l'eût défendu de toute son influence. Mais ces tracasseries ulcéraient son âme et détruisaient le repos de sa vieillesse. Les habitants de Vichy l'élurent tour-à-tour, à l'unanimité, conseiller municipal et maire de la commune.

Il reçut avec joie cette marque modeste de leur gratitude et ne cessa de s'occuper de leurs intérêts pendant les dernières années de sa vie.

Pour nous, la mort l'a surpris trop tôt. Le 18 août 1853 il passa la soirée chez M. Thiers où il déploya toute la verve de son esprit dans un entretien plein d'animation. En rentrant chez lui, il se mit au travail, comme de coutume ; mais le travail lui fut impossible, il éprouvait des éblouissements, des tournements de tête, tous les symptômes d'une apoplexie prochaine. Le docteur Noyer, appelé à son chevet, lui donna les soins qu'exigeait son état ; au premier bruit de cet accident tous les médecins de Vichy accoururent, mais tous jugèrent la science impuissante et le docteur Prunelle se tourna du côté de la religion. Sa fin fut digne de sa vie, il soutint stoïquement l'horreur d'une agonie longue et douloureuse et rendit son âme à Dieu le 20 août à cinq heures du matin. Son corps repose parmi nous, sa mémoire dans le cœur de tous ceux qui l'ont connu.

FIN.

IMPRIMERIE DE Mme JOURDAIN,

A CUSSET.

www.ingramcontent.com/pod-product-compliance
Lightning Source LLC
LaVergne TN
LVHW010340230826
846091LV00009B/3964

9782019253400